DISCOURS

A L'OCCASION

DU SERVICE SOLENNEL

FAIT POUR MM. LES GÉNÉRAUX, OFFICIERS ET SOLDATS DES ARMÉES ROYALES ET CATHOLIQUES DE LA VENDÉE, DU POITOU ET DE BRETAGNE, MORTS POUR LA CONFESSION DE LA FOI CATHOLIQUE, LA RESTITUTION DU TRÔNE AU SOUVERAIN LÉGITIME ET LE RÉTABLISSEMENT DE LA JUSTICE.

Prononcé à Jerſey, le 29 avril, devant MM. du Comité François; le 30 avril devant MM. les Gentilshommes Émigrés du Poitou; le 4 mai devant MM. les Officiers & Soldats du Régiment de CASTRIES, Infanterie Françoiſe, Émigrée.

PAR J. M. DE CHASTEAUGIRON, Prêtre du dioceſe de Rennes.

1796.

AU SINCÈRE AMI DES FRANÇOIS,

MONSIEUR LE PRINCE DE BOUILLON, COMMANDANT LES FORCES NAVALES DE SA MAJESTÉ BRITANNIQUE, A JERSEY.

VOUS le demandez, mon PRINCE, ce foible discours consacré à l'éloge d'hommes vertueux, de sujets fidèles ; à ce titre il vous appartient, & je suis trop heureux de trouver cette occasion de vous prouver mon dévouement. Si j'avois pu faire passer dans mes expressions toute la chaleur de mes sentimens, le présent seroit digne de vous : c'est le talent qui a manqué au sujet ; car jamais on ne fut en plus heureuse circonstance pour bien dire. Je parlois de modèles de constance & de générosité, & je parlois devant mes concitoyens, dont le désintéressement, la fidélité, la bravoure & les sacrifices font l'étonnement & l'admiration de leurs ennemis même : fut-il jamais circonstance plus propre à enflammer ; je parlois de l'honneur & de la fidélité à des françois qui n'existent que pour ces deux sentimens, & sous les auspices & la protection d'un PRINCE dont la loyauté, la délicatesse . . . . . Mais il faudroit finir par des protestations de reconnoissance, & votre générosité nous interdit de prononcer ce mot, le sentiment du moins nous reste, & nous nous ferons toujours un devoir de le conserver.

Je suis avec respect,

MON PRINCE,

Votre très-humble & très-
obéissant serviteur,

J. M. DE CHASTEAUGIRON, *Prêtre.*

DISCOURS

*A l'occasion du Service solennel fait pour MM.
les Généraux, Officiers & Soldats des Armées
Royales & Catholiques de la Vendée, du Poitou & de Bretagne, morts pour la confession de
la Foi Catholique, la restitution du Trône au
légitime Souverain & le rétablissement de la
Justice.*

> *Nunc vadam & auferam opprobrium populi, quo-
> niam quis est iste incircumcisus qui ausus est
> maledicere exercitui Dei viventis.*
>
> I. Reg. 17, 36.

La menace & le blasphême à la bouche, un or-
gueilleux philistin insulte & provoque les plus braves
d'Israël : la terreur a glacé tous les courages ; les
guerriers les mieux connus craignent de se mesurer
avec cet audacieux blasphémateur. L'éclat de ses armes les éblouit ; sa taille gigantesque les effraye, &,
dans le silence général, le Roi lui-même, ce Saül distingué par des exploits militaires, semble partager le
découragement de ses guerriers. Un jeune berger se
présente, & seul il ose demander à combattre. *J'irai,*
dit-il au Roi, *& j'effacerai l'opprobre du peuple. Quel
est donc cet inconnu qui ose maudire l'armée du Dieu vivant?* Malgré les représentations du Monarque, étonné
de tant de générosité, il persévère ; il part, & bientôt
son audacieux rival, étendu par terre, cède sa dé-
pouille & sa vie à un enfant qu'il sembloit dédaigner,
& dès ce moment Israël, dans le jeune berger, pré-
voit un libérateur.

Messieurs, ne pouvons-nous pas appliquer cet exemple étonnant & sublime aux françois généreux, dont le souvenir nous rassemble en ce jour, & pour qui, dans le même temps que nous sollicitons la divine miséricorde, nous osons nous promettre que le Seigneur aura déployé sa grande & souveraine indulgence. Comme autrefois David, c'est pour venger leur patrie cruellement outragée ; c'est pour repousser les sacrilèges attentats des rébelles, également coupables envers le Dieu de leurs pères & envers leur Monarque légitime qu'ils osèrent défier, ces ennemis furieux, enflés par les premiers succès de leurs crimes, enhardis par leur nombre & soutenus par toutes les ressources de l'art & de la scélératesse. C'est parce qu'ils mirent, comme David, en Dieu seul leur confiance qu'ils eurent des succès. Ils n'envisagèrent jamais d'autre but que la justice, d'autre règle que le devoir, & c'est pour cela qu'ils bravèrent, avec un héroïque dévouement, les dangers les plus redoutables, & qu'ils nous laissèrent, en mourant, le plus magnifique exemple & le plus légitime espoir.

Dédaignant ou affrontant tout ce qui peut retenir ou effrayer les autres hommes, ils développèrent, au sein de la contagion & au milieu de la corruption générale, cette généreuse activité, qui fait le caractère honorable & distinctif du sujet fidèle ; mais ils appuyèrent leur résolution sur la seule base qui pouvoit les rendre inébranlables, & ces nouveaux Machabées, décidés à *mourir pour les saintes lois de leur patrie*, s'étoient long-temps accoutumés à les regarder comme les dispositions de la sagesse divine, comme des établissemens consacrés par la garantie de l'Eternel, & ils furent sujets fidèles, parce qu'ils étoient chrétiens convaincus & soumis ; & s'ils se soulevèrent avec une sainte indignation contre les violateurs de tous les droits, c'est qu'ils virent en eux les profanateurs de la justice de Dieu, & s'ils soutinrent jusqu'à la fin le combat du Seigneur, si leur mort même fut une source d'espérance & un triomphe, c'est

que, nouveaux David, ils pouvoient dire à ces nouveaux Goliath : “ Vous venez contre nous, armés de
» lances & d'épées, couverts de boucliers, & nous
» c'est au nom du Dieu de nos pères, que vous avez
» outragé, que nous nous élevons contre vous; il
» vous abandonnera à nos justes efforts; la terre sera
» jonchée de vos cadavres, & tout l'univers saura qu'il
» reste encore un Dieu à Israël : *ut sciat omnis terra*
» *quia Deus est in Israel.* C'est aujourd'hui sa cause
» pour laquelle nous combattons; c'est sa guerre que
» nous soutenons, & il vous livrera dans nos mains.
» *Ipsius est enim bellum & tradet vos in manus nostras.*”

C'est à cette constante & sublime persuasion qu'ils durent leurs vertus, leurs premiers efforts & leurs succès. S'ils ont péri au milieu de leur généreuse entreprise, ces nouveaux Jonathas n'en font pas moins les libérateurs d'Israël, ils n'en ont pas moins laissé à l'univers un grand exemple, & à nous, Messieurs, de puissans modèles; ils ont montré aux peuples combien la fidélité du sujet pouvoit inspirer de générosité, de résolution & de sacrifices; ils nous ont montré comment la religion affermit & double les ressources, la fidélité & l'héroïsme du sujet.

Rassemblés ici pour une cérémonie funèbre, ce n'est point à de vains éloges, à un simple récit d'actions héroïques & vertueuses que vous attendez que je doive, ministre de l'évangile, borner l'honorable emploi de la parole; c'est l'instruction que vous venez ici chercher; c'est elle que vous avez droit d'exiger de moi; c'est elle qui doit sortir de tous les détails. Ceux pour qui nos prières aujourd'hui s'élèvent à l'Eternel, remplirent éminemment les devoirs difficiles que la religion & l'honneur leur traçoient. Le souvenir de leur exactitude à les remplir doit exciter en nous une noble émulation, & donner une chaleur nouvelle à nos vœux pour leur entière justification : ils furent chrétiens, espérons que le Dieu de miséricorde a accepté leur sacrifice; ils furent vertueux, nous devons l'être.

Reconnoiſſons nos devoirs à l'école des Généraux, Officiers & Soldats des Armées Catholiques & Royales de la Vendée, du Poitou & de Bretagne, morts pour la confeſſion de la Foi Catholique, pour la reſtitution du Trône au légitime Souverain, & pour le rétabliſſement de la Juſtice.

Etre citoyen fidèle, ce n'eſt pas ſeulement ſe borner à conſerver dans ſon cœur un reſpect inaltérable pour le Souverain & pour les dépoſitaires de l'autorité; ce n'eſt pas ſeulement éviter la communication avec les ſéditieux & les rébelles; ce n'eſt pas même ſeulement condamner hautement les entrepriſes ſacrilèges formées contre l'oint du Seigneur & contre les appuis du Trône; ce n'eſt pas ſeulement gémir ſur les maux de ſa patrie & déplorer les crimes & les déſordres de ſes concitoyens. Le ſujet vraiment fidèle ne borne point là l'expreſſion de ſa ſenſibilité, ni l'étendue de ſes devoirs; il a vécu ſous la protection bienfaiſante de la loi; il doit donc être diſpoſé, s'il le faut, à mourir pour elle; comblé dès ſes premiers ans des bienfaits d'un gouvernement paternel & fixe, il doit en tranſmettre à ſes deſcendans tous les avantages. Ce n'eſt point aſſez pour lui de ne pas concourir à ſa deſtruction, il doit de tous ſes efforts le ſoutenir, en arrêter la ruine, & s'il faut périr en cet honorable emploi, il n'y voit qu'un devoir, qu'un acte de juſtice & de reconnoiſſance, il ne regarde point autour de lui, ſi tout ce qui l'environne concourt à ſon effort. Il ſait qu'il y eſt obligé & il s'en acquitte avec zèle, conſtance & déſintéreſſement. Placé au milieu des pervers, nouveau Raſias, il préfère de mourir généreuſement, plutôt que de devenir le complice ou le ſujet des rébelles, *eligens nobiliter mori potius quam fieri ſubditus peccatoribus,* plutôt que d'être forcé par les outrages & les injuſtices mêmes, à agir contre les devoirs que lui impoſe ſa naiſſance, *& contra natales ſuos indignis injuriis agi :* mais cette conſtante fidélité, les mœurs ſeules peuvent la donner, & l'on ne peut s'aſfurer de fes mœurs qu'autant qu'on les appuye fur une bafe religieufe, qu'autant qu'on va attacher au Trône de Dieu même le premier anneau de fes devoirs. Jamais cette vérité ne fut plus évidemment démontrée par les faits que dans le fiècle déplorable où nous vivons.

Une immoralité générale, un égoïfme aride avoit détaché les hommes de l'intérêt public; le moins vicieux vivoit pour lui feul, & érigeant en prudence les froids calculs de l'intérêt perfonnel, chacun en fon cœur examinoit les lois de fa patrie, d'après fes rapports particuliers, & les jugeoit d'après fes combinaifons ifolées: il n'exiftoit plus qu'une affociation d'hommes occupés d'eux-mêmes, que la timidité ou l'incapacité d'un effort un peu vif retenoit les uns près des autres; mais que rien n'uniffoit, & que par conféquent le moindre choc, pourvu qu'il fut dirigé avec violence ou adreffe, devoit certainement défunir & repouffer à une grande diftance les uns des autres. Le lien facré de la religion qui, au défaut des lois, fuffiroit feule pour affermir la fociété humaine, au milieu d'une immoralité fi univerfelle, étoit devenue une chaîne importune dont ont cherchoit à fe débaraffer, & ce fentiment difpofoit à tous les fophifmes de la mauvaife-foi, à toutes les impreffions de la fourberie, à tous les piéges de la fcélérateffe : les Miniftres du culte étoient par là même devenus un objet importun, parce que leur vue réveilloit un reproche intérieur, ou rappeloit une obligation à laquelle on vouloit fe fouftraire.

Meffieurs, voilà la véritable fource de nos maux; ne cherchons point ailleurs la caufe des défaftres qu'a effuyé notre malheureufe patrie. Nous n'étions plus citoyens, & nous avions ceffé de l'être en proportion de ce que nous avions ceffé d'être chrétiens, & fi les traces du civifme fe confervèrent quelque part en notre infortuné pays, c'eft que là les mœurs étoient plus pures & la religion mieux obfervée.

Interrogeons ces généreux défenfeurs du Trône &

de l'Autel, dont nous honorons aujourd'hui la mémoire; demandons-leur à quels heureux signes ils découvrirent quelle contrée dans le royaume pouvoit leur fournir des hommes assez vertueux pour dédaigner les vains efforts des méchans, braver les considérations ordinaires & triompher des obstacles : interrogez même leurs ennemis, consultez un de ces êtres sanguinaires, (1) ministre cruel de la barbarie de nos nouveaux tyrans; demandez-lui à quoi il attribue cette fidélité généreuse qui éleva les Royalistes de la Vendée au-dessus des promesses, des considérations humaines & des obstacles? Dans les mémoires mêmes qu'il a écrits pour pallier ses attrocités & ses défaites, il vous dira : *c'est que ce peuple avoit conservé ses mœurs, c'est qu'il étoit religieux.*

Heureuse contrée, pendant que le reste du royaume ébranlé par les secousses successives que lui donnoient des pervers, cédoit à toutes les impulsions; vous seule, fidèle à vos premiers engagemens, aviez conservé, soigneusement récelé, ces Ministres des Autels qu'on poursuivoit, qu'on déchiroit de toutes parts; restée fidèle au culte de vos pères, vous n'aviez pas consenti à être privée de ceux qui pouvoient affermir vos habitans dans la pratique de la vertu, & les diriger dans les sentiers de la justice. Habitans vertueux, envain employoit-on autour de vous & les offres de la séduction & les horreurs de la menace, on n'avoit pu vous détacher de ces seigneurs dont vous aviez tant de fois recueillis les bienfaits, & dont les titres & les distinctions, achetés du sang de leurs auteurs, n'étoient point pour vous un objet de jalousie, parce qu'à l'école de la religion vous aviez appris à les regarder comme les effets d'une subordination nécessaire, établie par Dieu & garantie par sa volonté. Le nom auguste de Roi faisoit tressaillir votre cœur vraiment françois, & toutes ces heureuses dispositions vous les deviez à la

____

(1) Le général Thureau dans ses mémoires sur la guerre de la Vendée.

religion & à l'ignorance d'un vain luxe, destructeur des mœurs & de la félicité publique & individuelle.

Tous les établissemens de vos ancêtres tombant au-tour de vous par l'horrible fracas qui accompagnoit leur chûte, vous avertissoient des dangers qui mena-çoient la patrie, & tant que vous pûtes croire que la volonté de votre Roi y concouroit, vous gémissiez en secret des nouveautés auxquelles l'autorité sembloit souscrire : mais le Monarque, échappé un moment aux indignes fers dont les rebelles le tenoient en-chaîné, avoit, dans ce court intervalle, protesté contre la violence, & vos cœurs s'étoient soulevés d'indig-nation, & détestant ouvertement toutes ces innova-tions audacieuses, vous aviez dès ce moment songé à repousser le joug qu'on vouloit imposer à votre patrie.

Eclairé sur les vraies intentions de son Maître, un brave gentilhomme breton, ami de son Dieu, ami de son Roi, & portant dans ce double amour toute la chaleur d'un cœur tendre & d'une ame de feu, tout le désintéressement d'une ame chevaleresque & ver-tueuse, & la confiance de la droiture qui s'indigne contre les méchans, sans jamais prévoir la méchan-ceté, cherchant par-tout, au péril de ses jours, aux dépens de sa fortune, des amis à son Roi, des enne-mis aux rebelles, des citoyens à la patrie qu'il chéris-soit. Le vertueux *De la Roirie* avoit, dans ses courses nombreuses, connu les dispositions du Poitou, & s'é-toit bien promis qu'en resserrant les nœuds qui, de tous temps, unissent cette province à la Bretagne & font des Poitevins les dignes frères d'armes des Bre-tons, il donneroit à la France l'exemple efficace de la résistance à l'oppression, & du retour aux vrais prin-cipes fondamentaux du bonheur social. Ses plans combinés avec les principaux personnages des deux provinces, approuvés des Princes & du Roi même, soutenus par la bravoure d'une Noblesse généreuse, par les forces d'un peuple fidèle, sembloient devoir pré-

B

venir bien des maux : des ordres l'enchaînent : un
soulèvement partiel éclate; à la tête de quinze mille
hommes, que son industrieux dévouement a rassemblé
près de Bressuire, le vertueux Baudry d'Asson (1) se
promet d'être bientôt puissamment soutenu. Ame noble & franche, dans un siècle pervers, craignez la per-
fidie. Déjà le fidèle d'Hericy & ses braves amis, associés au même projet, vendus par un traître, expient
à Caen, dans les horreurs de la détention, la gloire
d'avoir projeté le rétablissement de leur patrie. Vos
efforts en ce moment sont impuissans; des lâches vous
ont trahis; fuyez, réservez-vous pour des temps plus
heureux, où vos efforts pourront être plus utiles. Pendant huit mois ce sujet fidèle reste enséveli dans un
obscur souterrain, gémissant sur les maux de sa patrie,
& demandant au Ciel de pouvoir contribuer à les
finir. Homme généreux, consolez-vous, votre prison
volontaire finira, & vos longues souffrances seront
couronnées par une récompense sans prix : vous ver-
rez vos concitoyens étonner l'univers par leur courage;
vous concourrez à leurs succès, & s'il faut périr à S.
Fulgent, c'est au sein de la victoire que votre Dieu
vous appellera à la palme, & votre trépas sera le plus
noble que puisse désirer un chevalier françois; vous
périrez pour attester votre fidélité au Roi.

Cette tentative infructueuse a éveillé l'inquiète vi-
gilance des méchans : d'artificieuses promesses sont
répandues pour corrompre un peuple que depuis Cé-
sar on ne pût jamais asservir, & que les méchans dé-
sespèrent de soumettre : mais ces promesses perfides
cachent un poison, & les assassins du meilleur des Rois

---

(1) M. de Baudry d'Asson, auteur d'une insurrection partielle de quinze
mille hommes à Bressuire, pendant la malheureuse campagne de 1793, trahi
par des perfides, il fut obligé de se cacher; il se tint dans un souterrain qu'il
avoit pratiqué dans son château & y resta pendant huit mois. Il reparut à
l'époque du soulèvement général de la Vendée, après avoir échappé aux re-
cherches journalières des républicains; il fut nommé par le général d'Elbecq,
commandant du camp de Bournezo. Il périt à l'attaque de S. Fulgent, où
il avoit été porter secours au général d'Elbecq. (Note communiquée par
Messieurs les gentilshommes du Poitou.)

ne peuvent être que des traîtres : bientôt l'effet a vérifié les foupçons. L'indignation & l'horreur deviennent générales, & les rebelles peuvent dès cet inftant compter une province de moins.

Sageffe inconcevable de mon Dieu, ce font toujours les plus foibles élémens, aux yeux des hommes, que vous employez pour opérer les plus grandes merveilles. Paifibles & fimples habitans des campagnes, c'eft au milieu de vous que Dieu va fufciter des défenfeurs & des héros : vos cœurs faciles & vrais peuvent aifément être égarés par les apparences du bien que vous chériffez ; mais gardez-vous du poifon corrupteur des villes. Trop fouvent leurs habitans corrompus foufflent fur vous leurs vices & vous laiffent la pauvreté, la douleur & le remords à la place de vos vertus que vous regrettez. C'eft par vous qu'ils voulurent confolider leur crime, les rebelles, & c'eft en vous que les lois outragées trouveront des vengeurs ; c'eft en vous que le Dieu de Clovis trouvera des défenfeurs, que le fils de S. Louis retrouvera les premiers fujets fidèles.

Stofflet & Catelineau, hommes rares & précieux, vos noms vivront dans tous les fiècles ; prononcés avec refpect par tous les fujets fidèles, ils feront gravés fur le trône des Monarques ; ils fe conferveront fur le marbre & l'airain pour attefter à tous les peuples, à tous les âges que s'il n'eft aucune condition à qui la vertu, la valeur & l'héroïfme foyent étrangers, il n'eft auffi rien que ne puiffe furmonter le fujet fidèle & vertueux ; qu'il fait également dédaigner les vains efforts des méchans & braver les confidérations ordinaires.

S'il pouvoit exifter parmi des françois, illuftrés aux yeux de l'Europe par leur généreux défintéreffement & leur inébranlable courage, quelqu'un de ces hommes de mauvaife-foi qui voudroient cacher leur nonchalance ou leur lâcheté, fous le voile de l'impuiffance, qui, fe retranchant derrière leur prétendue nullité,

s'excuferoient de partager des dangers dont ils voudroient bien recueillir les fruits, qui fe difant chrétiens,
feroient confifter leur religion à prier, tandis que leur
vocation dans l'ordre focial, que le rang qu'ils occu-
pent, les appellent à agir; tandis que quatre ou cinq
cent ans de bienfaits ont été verfés par la fociété fur
leur race, pour qu'ils fçuffent mourir un jour; je leur
dirois : venez & voyez combien font vaines les confidérations qui vous arrêtent.

Alleguerez-vous que vous êtes un particulier ifolé,
fans crédit? Quel étoit Stofflet? Un foldat, un homme réduit par la modicité de fes moyens à la domef-
ticité, & voyez cet homme devenir le modèle des
guerriers, le digne rival de la chevalerie françoife.
Voyez quelle exiftence il a fu acquérir par l'afcendant
du courage & la conftance de la vertu. (1) Voyez à
à côté de lui cet homme dévoué par fon état aux
derniers emplois de l'Eglife; il puife en fon cœur feul
l'aliment de fon énergie; il eft chrétien, il eft fenfible
& il devient éloquent. Ecoutez dans cette forêt le
brûlant Catelineau, haranguant les payfans qu'il a raf-
femblés. (2) Voyez-le embrâfer du feu qui le dévore
ces ames fimples & droites, leur communiquer fon en-
thoufiafme, ne jamais nommer fon Roi qu'au nom de
fon Dieu, confondre avec juftice les droits du Trône
& ceux de l'Autel, & ne parler à ces êtres vertueux de
leurs anciens feigneurs, que pour leur rappeler des
bienfaits : & vous que la Providence a placés à un
rang plus élevé, quand vous vous croyez, avec raifon,
nés pour conduire, & deftinés au commandement par
la fociété même, vous vous plaindriez de l'infuffifance
de vos moyens; ce n'eft point ici, comme vous, un
feigneur adoré qui parle à fes vaffaux; mais c'eft un
homme chrétien qui parle des devoirs au nom de la

____

(1) Voyez la lettre du Roi à Mr. le Prince de Condé.
(2) Mémoires fur la Vendée, par un officier qui a conftamment fervi
jufqu'à la défaite du Mans, communiqué, en manufcrit, par M. le chevalier
de la M.....

vertu & qui montre la récompenfe après un trépas glorieux. La pefanteur de l'âge même ne peut retarder l'élan d'un cœur généreux. Voyez ce vieillard, décoré du figne honorable de la valeur; c'eft Roirand déjà dans fa foixantième année; & il vient fe rejoindre aux amis de fon Roi, quels qu'ils foient; (1) il mène avec lui quatre mille habitans de la campagne.

Qui peut arrêter des hommes que le befoin d'armes n'arrête pas? Saül veut revêtir David de fa plus brillante armure; le jeune berger effaye ces armes & s'en trouve accablé; c'eft avec fon vêtement ordinaire qu'il affronte le philiftin; c'eft avec des bâtons, c'eft avec les honorables inftrumens de leur utile état que ces refpectables laboureurs, devenus les foldats de Stofflet, Roirand & Catelineau, volent au combat, & quatre mille payfans battent une armée de quinze mille hommes, pourvus de tous les inftrumens du meurtre; & des hommes défendus par les feuls fymboles extérieurs de la religion, dont ils portent tous les principes dans le cœur, enlèvent ces machines foudroyantes qui vomiffent au loin le carnage & la mort.

Miniftres du Dieu vivant, hâtez-vous de paroître au milieu de ces nouveaux Machabées; fortez de vos retraites & partagez les dangers auxquels s'expofent ces admirables défenfeurs de l'Autel & du Trône. Votre miniftère faint vous défend, fans doute, de verfer le fang; mais il vous ordonne auffi de prêcher à temps & à contre-temps, de devenir, s'il le faut, anathême pour le peuple, & votre divin Maître vous a dit, qu'il vous envoyoit comme il l'avoit été lui-même, & qu'il n'étoit pas venu pour les juftes d'Ifraël, mais pour fauver ceux qui périffoient. Un double

---

(1) M. de Roirand, chevalier de S. Louis, âgé de foixante ans, commandant du camp de loi, avec quatre mille payfans, il battit l'armée républicaine, forte de quinze mille hommes, prit tout leur bagage, & arma fes payfans, qui n'avoient été au combat qu'avec des inftrumens de labourage. Il mourut de fes bleffures à la bataille d'Antrain. (Note communiquée par Meffieurs les gentilshommes du Poitou.)

emploi vous attend, celui d'affermir dans l'espoir les honorables victimes de leur zèle, de leur accorder les secours & les consolations de la religion, & celui plus précieux peut-être encore & plus urgent de ramener à la vertu ces républicains farouches, que le sort des armes a fait prisonniers, & qui ne blasphêment la vérité, que parce qu'ils ne l'ont jamais connue. Nos vœux sont remplis, & des ministres fidèles, attachés à la suite des combattans d'Israël, leur répètent ces paroles que Moyse ordonna autrefois d'adresser au peuple de Dieu avant les combats : (1) écoutez Israël, aujourd'hui vous allez combattre vos ennemis, que votre cœur ne cède point à la crainte, *non expavescat cor vestrum*; ne vous laissez point alarmer, *nolite cedere*; soyez sans frayeur, *ne formidetis ;* le Seigneur votre Dieu est au milieu de vous, *Deus vester in medio vestrum est ;* il combattra vos adversaires, *contra adversarios dimicabit ;* il vous arrachera du danger, *eruet vos de periculo.*

Le dix de mars Catelineau & Stofflet ont allumé les premières étincelles de cette ardeur généreuse, & dès le 29 Fontenai-le-Comte est enlevé ; quarante lieues sont soumises, & le Roi de France peut compter une étendue de terrain couverte par de fidèles sujets. (2) Fontenai, Thouars, Saumur, Angers deviennent la conquête des fidèles royalistes ; ils s'y arment, & leurs ennemis tremblent d'effroi. A grands frais ils font accourir en poste cette garnison aguerrie, qui, si long-temps enfermée dans Mayence, a si constamment résisté aux forces prussiennes ; ils comptent sur sa bravoure, & les insensés ! ce sont des victimes qu'ils amènent au royalisme. Au pont de Vrines cinq mille hommes osent attaquer les républicains, & l'armée,

---

(1) Appropinquante jam pratio stabit sacerdos ante aciem & sic loquetur ad populum : audi Israël, vos hodiè contra inimicos vestros pugnam committitis, non pertimescat cor vestrum, nolite metuere, nolite cedere ne formidetis eos qui Dominus vester in medio vestrum est & pro vobis contra adversarios dimicabit, ut eruat vos de periculo. (Deuter. 28.)

(2) Histoire de la Vendée, par M. le marquis de Lascaze.

forte de vingt-cinq mille hommes, fuit devant le petit nombre des sujets fidèles. (1) Les succès se multiplient sur tous les points, & par-tout une disproportion aussi marquée est toujours accompagnée du même succès. Campagnes de Coiron, jonchées de cadavres républicains, vous attesterez aux rebelles futurs que la justice & le courage religieux, l'emportent sur le nombre, & que trente-cinq mille soldats de l'athéïsme ne purent tenir devant six mille adorateurs du Christ. (2) En cette journée, à jamais mémorable, artillerie, bagage, tout est abandonné, tout est délaissé; tant est grande la terreur qu'imprime au méchant l'homme vertueux.

Etonné de succès dont il ne connoît pas la cause, le rebelle s'agite, il se tourmente : avec une rapidité incroyable ses généraux se succèdent & avec eux les revers. Hommes injustes, ils se déchirent entre eux & ne savent pas que la source de ces événemens vient de la différence de leurs mœurs. Ils ne voyent pas que la déplorable irreligion, que le désolant fatalisme laisse l'homme isolé au milieu de l'univers & détruit en lui jusqu'au germe des pensées nobles; ils ne voyent pas que celui qui n'attend rien après la mort, doit désirer de vivre & envisager sa destruction avec effroi, tandis que l'homme rempli de son immortalité s'unit dès ce moment avec ceux de qui il ne compte jamais être désuni, tandis que l'homme qui porte ses regards & ses désirs dans l'éternité s'y enfonce avec joie & n'envisage en mourant qu'une longue suite de jouissances, produite par la satisfaction intérieure d'avoir rempli son devoir. Raisonneurs sans principes, vous voulez faire des citoyens & leur donner une ame ardente pour le bien commun; multipliez donc les liens qui les réunissent; donnez leur donc des mœurs, & pour cela attachez-les plus puissamment au Dieu que

____

(1) Histoire de la Vendée, par M. le marquis de Lescure.
(2) Ibid.

tout leur attefte. Les prodiges des royaliftes, leur conftante perféverance vous déconcertent, c'eft qu'ils font citoyens, & que comme tels, ils méprifent les efforts des méchans, les confidérations humaines & bravent les obftacles qui arrêtent les autres hommes; ils font citoyens, parce qu'ils font chrétiens, & c'eft encore le chriftianifme qui affermit & double leurs reffources, leur fidélité & leur héroïfme; c'eft lui qui leur apprend à braver la mort, parce qu'elle eft le paffage au bonheur, & que foufferte pour la juftice, elle eft le fceau d'une double immortalité.

Galates infenfés, dit l'apôtre S. Paul, vous aviez bien commencé, pourquoi vous arrêter dans la carrière? Vous avez commencé par l'efprit, finirez-vous par les illufions de la chair? Cet avis de l'apôtre, Meffieurs, peut s'appliquer à prefque toutes les inftitutions, à toutes les entreprifes humaines : entreprendre une chofe hardie, c'eft donner à fon amour une fatisfaction bien fentie; c'eft en quelque chofe s'agrandir foi-même à fes propres yeux, dédaigner ce qui flatte les autres hommes; c'eft acquérir une fupériorité précieufe, une indépendance réelle; parvenir à de grandes chofes avec de foibles moyens, c'eft le fruit & la récompenfe d'une noble audace, ce peut être auffi le produit de la témérité; furmonter de grands obftacles, fans s'en laiffer ébranler, il ne faut pour cela que de la continuité dans les efforts & de l'énergie dans le caractère, & fi des motifs humains feuls ont déterminé ces efforts, il eft bien à craindre que la lutte des paffions contraires, ne viennent annuller le premier effet : mais pour récompenfe de fes efforts pénibles ne fe propofer que la foumiffion la plus exacte, qu'une patience fans ceffe, néceffaire, une mort glorieufe fans doute, mais prefqu'inévitable : la religion feule peut infpirer cette générofité; elle feule double & affermit les reffources; elle feule double l'héroïfme & la fidélité. C'eft elle qui infpira aux armées Catholiques & Royales cette foumiffion conftante qui les attacha à leurs chefs, cette

patience

patience infatigable qui brava tous les dangers, toutes les souffrances : c'eft la religion qui donna à leur mort ce caractère héroïque qui en fit des martyrs de la religion & du devoir.

Formée par le défir du bien général, par un amour commun de la juftice, cette coalition d'hommes vertueux fentit la néceffité de fe donner des lois & un chef, & c'eft ici le triomphe de la générofité & du défintéreffement. Hommes ordinaires, vous-mêmes hommes qui vous piquez de délicateffe, un moment mettez-vous à la place de Stofflet & de Catelineau, & par votre réfolution, jugez de leur généreufe abnégation & de leur vertueux amour du bien; ils ont formé les premiers raffemblemens, ils font l'idole & l'objet unique de la confiance pour ceux dont ils ont reveillé le courage, & je les vois renoncer au commandement & aller chez un jeune & eftimable guerrier, dont les fentimens de fidélité leur font connus, le prier d'être leur chef, l'y contraindre même par une noble violence. (1)   Dira-t-on que c'étoit, de leur part, aveu de leur impuiffance? Hommes injuftes, fachez donc connoître & apprécier mieux les vrais fentimens, & rendez hommage à la modeftie de ces perfonnages vertueux.   Avec la conftance d'un héros, Stofflet en avoit la fermeté; courageux jufqu'à l'audace, vif & franc, hardi dans fes décifions, grand dans fes projets, prompt dans fes apperçus, aimable pour ceux qu'il avoit à conduire par la fimplicité de fes manières; ce n'étoit point pour lui un apprentiffage que la guerre; fils d'un vétéran, foldat lui-même, il avoit long-temps fervi dans un de ces corps d'infanterie françoife, fi connue par la bravoure, & né Lorrain, (2) il avoit au régiment de Lorraine fait fes premières armes & y étoit parvenu à un de ces grades en fous-ordre qui font la force exécutrice de l'armée,

____

(1) Mémoire de Thureau.
· (2) A Luneville.

C

comme les officiers supérieurs en font la force motrice
& réelle. Il s'étoit formé dans cet emploi à la tenue
& à la discipline ; & les développemens qu'il donna à
son ordonnance militaire, & qui ont mérité les suf-
frages des républicains mêmes, (1) prouvent sa capa-
cité, encore mieux attestée par ses exploits. Doué
d'une imagination chaude & vive, Catelineau y joi-
gnoit le sang froid de la prudence, la réserve de la
circonspection, attentif à profiter de toutes les cir-
constances, sachant à propos saisir l'occasion & en ti-
rer tout le parti dont elle étoit susceptible : habile
dans l'art de connoître les hommes & de s'en servir,
Catelineau avoit deviné l'art militaire & étoit aussi
propre à la négociation & à l'administration qu'au
combat : nous pouvons attester ici l'armée entière
qui, d'un commun accord, l'auroit choisi pour général, (2) si, par un malheur, hélas! irréparable, cet
homme unique n'eut péri d'une mort prématurée.
Qu'on juge de ses talens en songeant qu'un homme
sans expérience, sans autres ressources que son génie,
étoit parvenu à soulever, en faveur de la royauté, six
cents soixante-quatre paroisses en vingt-quatre heures,
& ce qui est encore plus incroyable, de les amener à
une unité de vue, à un accord que la négociation
exercée auroit craint de se promettre en une année.
Hommes présomptueux, qui ne voulez point de supérieurs ou qui n'êtes jamais content de ceux que la
Providence vous a donné, voilà les deux personnages
qui, pour premier acte d'autorité, vont à la retraite
paisible où gémissoit sur les maux de sa patrie, sur

---

(1) Voyez ses réglemens à la suite des mémoires de Thureau & l'éloge
qu'en fait le commissaire national.

(2) Catelineau, sacristain de Beaupreau, premier commandant de l'armée
royaliste ; il fut, avec Stofflet, le premier auteur de l'insurrection contre la
république ; ils eurent l'adresse de faire soulever six cents soixante quatre
paroisses, (dont ils étoient assurés auparavant,) dans vingt-quatre heures,
ils livrèrent, quoique sans armes, le premier combat aux républicains, qu'ils
battirent complettement. Toute l'armée, d'un commun accord, l'auroit choisi
pour général en chef, s'il n'eut pas été tué à l'attaque des fauxbourgs de
Nantes. (Note communiquée par Messieurs du Poitou.)

son impuissance actuelle d'y remédier, un jeune & valeureux guerrier; ils vont entre ses mains jurer obéissance à leur Roi & le prier de les conduire par ses ordres & de les diriger par ses avis. Quel est donc ce guerrier qu'honore une pareille confiance, Messieurs, c'est un homme encore dans la fleur de l'âge, qui n'a pas encore atteint son quarantième hiver, mais que la réflexion & l'étude ont mûri; il s'est instruit & dans son pays & chez l'étranger aux manœuvres de la guerre & aux grands intérêts des peuples. Adoré, béni de ses vassaux, dont il étoit le père, lié d'intimité & d'estime avec le vertueux *Roirie*, il avoit été le confident de ses desseins (1) & les avoit adoptés, & il attendoit le moment d'en voir l'exécution. A un extérieur séduisant & distingué, joignez une bravoure à toute épreuve, une prudence consommée, une éloquence persuasive & entraînante, une affabilité majestueuse, une fermeté douce que rien ne décontenance. Tel étoit le valeureux Delbecq. Militaire profond, il porta ses premiers soins à organiser son armée, à rétablir & affermir les anciennes lois. Il apprit à ses soldats l'art difficile d'attaquer & de défendre, & forma, par ses leçons & ses savantes méthodes, les généraux qui lui succédèrent.

Loin du citoyen généreux l'ambition de dominer seul, c'est le bien général qu'il désire & il sait qu'il ne peut s'opérer que par le concours des volontés & par le secours d'agens intermédiaires & éclairés. Prenez, dit Jethro à Moyse, (2) des hommes puissans & craignans Dieu, qu'ils aiment la vérité & détestent l'avarice;

---

(1) Ce fait, avoué par M. Delbecq, attesté par Thureau, ne souffre pas le moindre doute, & les preuves de cette correspondance existent; elle a été trahie par un sieur Bour.... mauvais écrivassier de Saintes, protégé par le vertueux évêque de Saintes qu'il trompoit. (Voyez encore état de l'Europe, en 1795, par M. d'Yvernois.)

(2) Provide autem de omni plebe viros potentes & timentes Deum in quibus sit veritas & qui oderint avaritiam & constitue exiis Tribunos & centuriones & quinquagenarios & decanos qui judicent populum in omni tempore, quid quid autem majus fuerit referant ad te & ipsi minora tantum modo judicent... Si hoc feceris implebis imperium Dei. Exod. ch. 18, v. 21.

établissez-les au-dessous de vous pour conduire le peuple dans tous les temps; qu'ils se concertent avec vous pour les grandes affaires & décident par eux-mêmes, suivant le besoin du moment, celles de moindre importance. Alors vous pourrez vous assurer d'exécuter la volonté de Dieu.

C'est ainsi que le brave Delbecq, tout dévoué à l'intérêt public & n'aspirant qu'à la gloire de bien faire, s'entoure d'un conseil, par les avis duquel il veut être éclairé, à la tête duquel il met le sage Bonchamp & auquel il cède dans les choses même qu'il croit devoir être autrement. Voulant resserrer les liens qui unissent tous les ordres ensemble, voulant même adoucir par la tendre commisération du ministère ecclésiastique, la sévérité de la discipline, il appelle à ces conseils d'administration quelques ecclésiastiques vertueux & instruits. Outre l'avantage d'avis appuyés sur une morale pure & sévère, il est assuré par-là de convaincre de plus en plus les peuples de la sincérité dés motifs qui le font agir. L'armée se partage en trois corps, mais le même esprit y règne & le généralissime est l'ame qui vivifie l'ensemble; Bonchamp, l'Escure, Charette, animés des mêmes sentimens, se font gloire de concourir aux mêmes succès.

Grand Dieu! par quel crime nouveau avions-nous mérité que vous nous retirassiez sitôt ces flatteuses espérances, & pourquoi n'ai-je presque plus à annoncer que des revers? Vous avez voulu, sans doute, en nous punissant, faire briller la patience de ceux dont déjà tout nous faisoit admirer la subordination; après les victoires les plus signalées, des désastres effrayans viennent tout-à-coup semer le découragement & la terreur : Mortagne, Chollet, Tiffauge, Beaupreau, tous ces retranchemens jusqu'alors redoutés, tombent. Le républicain insolent chante & profane la victoire. Des débris de ses armées vaincues, il a formé un tout, & enchaînant, par la terreur, les foibles & pusillanimes, il traîne avec lui ces masses effrayantes en apparence, mais fans folidité quand on les reçoit avec le talent & le fang froid, maffes qui ne peuvent exifter que chez un peuple fans mœurs, où la timidité & l'égoïfme arrêtent la réfiftance & enchaînent au joug que l'on détefte, l'homme foible qui craint d'avouer fes principes & d'agir après eux. L'efpoir de l'armée, les braves généraux Delbecq, l'Efcure, Bonchamp font bleffés. Grand Dieu ! le pays honoré par tant de prodiges de votre bonté, cette terre où votre nom étoit béni, abandonnée de fes habitans, n'eft plus qu'un théâtre de carnage, d'incendies; toutes les traces du bonheur que vous aviez accordé à la vertu, ont difparues. Citoyens fidèles que vos infirmités empêchoient de combattre; femmes vertueufes, dont les époux luttent encore contre les ennemis de Dieu & du Trône, fuyez devant ces dévaftateurs; emportez avec vous ces enfans précieux à qui, fans doute, la Providence un jour accordera la récompenfe due aux travaux & aux facrifices de leurs pères.

Acharnés fur un feul point, il femble que les barbares veulent y faire la guerre aux élémens même, & cette atroce férocité qui févit contre des débris, donne à l'armée catholique le temps de fe retirer au-delà de la Loire; des fuccès nouveaux marquent fes pas, mais des pertes bien cruelles l'y attendent. Auprès d'Antrain périt cette troupe renommée & féroce, fi connue fous le nom de la ville qu'elle défend; elle a fuccombée fous les efforts d'un jeune héros, auffi diftingué par fes talens précoces que par fa naiffance. Jeune La Roche-Jacquelin peu de jours font encore dûs à ton exiftence; mais tu vivras tant qu'il exiftera une ame fenfible, & tes jours, quelque peu nombreux qu'ils foient, auront été pleins pour la vertu, pleins pour l'honneur; c'eft à toi qu'eft due la gloire d'avoir fauvé le refte de l'armée & d'avoir écrafé les plus audacieux ennemis de l'ordre & du bien; avoir été conftamment utile, c'eft avoir affez vécu. Efpoir flatteur de fuccès, avec quelle promptitude ne vous êtes vous pas évanouis? Grand Dieu! un instant d'erreur & d'insubordination a-t-il pu provoquer un si terrible châtiment?

Après un rapport infidèle, (1 tout Israël se livre au murmure contre Aaron & Moyse. Que n'avons-nous péris, s'écrient-ils, dans la terre d'Egypte, plutôt que d'être venus ici dans cette vaste solitude chercher nos tombeaux. Ah! qu'à jamais le Seigneur ne nous introduise dans cette terre si défirée, puisque nous devons y périr par le fer & y voir nos femmes & nos enfans réduits à l'esclavage; ne valoit-il pas mieux retourner en Egypte. En entendant ces murmures, Moyse & Aaron se prosternèrent la face contre terre, & Josué & Caleb envain cherchèrent à rassurer le peuple, & le Dieu irrité qui jusques-là les avoit protégés, fit entendre ses menaces : j'en jure par moi, dit le Seigneur, vos cadavres joncheront ces déserts; vous avez murmuré contre moi, vous n'entrerez point dans la terre que je vous avois promise; j'y introduirai vos enfans que vous disiez devoir être la proie de vos ennemis : mais vous errans & vagabonds, vous terminerez votre vie dans cette solitude pour être à jamais un exemple effrayant de ma justice.

Menaces terribles; en vous les rapportant, ne semble-t-il pas que je ne suis que l'historien des maux qui accablent les royalistes. Grand Dieu! est-ce donc ainsi que vous avez puni un instant d'insubordination à Granville, & le regret d'avoir quitté ses foyers. Au Mans un carnage affreux enlève les femmes, les prê-

---

(1) Igitur vociferans omnis turba flevit morte illa & murmurati sunt contra Moysa & Aaron cuncti filii Israel dicentes : utinam mortui essemus in Ægypto & in hac vasta solitudine, utinam pereamus, & non inducat nos Dominus in terram istam ne cadamus gladio & uxores ac liberi nostri ducantur captivi : nonne melius est reverti in œgyptum... quo audito Moyses & Aaron ceciderunt proni in faciem coram omni multitudine... at vero Josue & Caleb... ad omnem multitudinem filiorum Israel locuti sunt..... Vivo ego, dicit dominus... in solitudine hac jacebunt cadavera vestra, omnes... qui murmurastis contra me, non intrabitis terram, super quam levastis manum meam... parvulos autem vestros de quibus dixistis quod præda hostibus forent introducam... filii. Vestri erunt vagi in deserto... & portabunt fornicationem vestram donec consummantur cadavera patrum in deserto.

tres, les vieillards ; à Nantes plus de soixante mille périssent, l'air en est infecté, les sources en sont corrompues, & las d'égorger, le barbare ennemi invente des machines détestables pour en faire périr dans les flots un plus grand nombre à-la-fois. La pudeur naturelle est outragée, & des bêtes féroces lançant en l'air des enfans à la mamelle, les reçoivent sur la pointe de leurs lances, en chantant ces airs féroces, inventés pour animer au meurtre & que répètent, hélas ! avec tant d'insouciance, ceux à qui sans cesse ces sons de cannibales, devroient rappeler la mort de leurs proches & les derniers mots de leur Roi, étouffés sous le bruit de ces horribles chants.

Seigneur, votre justice est satisfaite, que le règne de votre miséricorde commence, & si vous avez puni si sévèrement une faute passagère, ah ! que le fruit de leurs longs travaux ne soit pas perdu & que du moins, en mourant, ils reprennent cette patience, cette résignation infatigable qui caractèrisent le chrétien.

Messieurs, vos vœux sont entendus, & sur tant de millions de victimes, pas une ne témoigne de foiblesse, pas une ne renie la cause pour laquelle elle périt. Les chefs ont succombé ; Stofflet & son digne collègue, le jeune La Roche-Jacquelin, restent seuls ; en vain ils veulent rallier les débris de leur armée dispersée ; efforts inutiles, ils sont réduits à passer furtivement & mal suivis.

Un retour de faveur semble annoncer un nouvel espoir. Un jeune héros qui honore à-la-fois deux provinces, malgré les échecs, avoit su se maintenir sur la rive opposée ; Charette, c'est nommer la bravoure, le sang froid & la constance, Charette recueille les débris. Nouveau Fabius, avec peu de forces, sans cesse il harcèle & fatigue l'ennemi qu'il désespère ; il a recueilli ses valeureux camarades. La Vendée renaît de ses cendres, & sa défaite a multiplié les défenseurs de la justice. Quelques corps détachés s'étoient enfoncés dans la Bretagne, & réunis dans les forêts du

Pertre & dans les retraites du Morbihan, dans les pa-roiffes de la Baffe-Normandie, aux défenfeurs de la Religion & du Trône qui s'y trouvoient difperfés; ils y avoient donné l'exiftence à un corps qui, chaque jour groffiffant, eft parvenu enfin à former une puif-fance redoutable, & alarmant l'ennemi, a déjà fourni auffi fes martyrs; Focard, Pontbellanger, Tintiniac, La Vieuxville, Boishardy, Ferroniere, La Roirie, & vous couple aimable & vertueux de frères, modeftes au fein de la grandeur & de la dignité, amis de votre Prince, inviolablement attachés à fa perfonne, invio-lablement attachés à fes droits, vous avez illuftré de votre fang la Bretagne, qui fe glorifie de vous avoir produits; & vous auffi jeune De Rieux, dernier rejeton d'une branche de la famille de nos anciens Maîtres, vous avez fini par une mort prématurée; mais en tom-bant pour votre Dieu, pour votre Roi, vous avez plus illuftré votre courte exiftence, qu'en la tranfmettant à de nombreux defcendans. Déjà, hélas! dans cette défaftreufe défaite, la Bretagne & le Poitou avoient pleuré le prince de Talmont, efpoir d'une famille qui leur fut toujours chère.

Qu'eft-il befoin de plus longs détails, Meffieurs, fous les foins & le commandement du brave Stofflet, de La Roche-Jaquelin, de Sapineau. L'armée royale s'or-ganife de nouveau & donne à fes ennemis une nou-velle épouvante; ils ont recours à la rufe, &, fous l'extérieur d'une fauffe paix, les lâches trompent la juftice même; ils promettent de fauver le Roi. Tous les reffentimens difparoiffent, toute vengeance ceffe, les hoftilités fe fufpendent, & cet inftant de repos les perfides l'employent à furprendre & trahir des chefs vertueux, qu'ils défefpéroient de réduire. Ils corrom-pent, & la trahifon a fon tarif, & la baffeffe marchande le prix des victimes. Généreux défenfeurs, vous pé-rirez donc dans les embûches des traîtres? Ah! du moins périffez comme vos prédéceffeurs, périffez avec gloire & fermeté, périffez comme des chrétiens, comme des françois.　　　　　　　　　　　　　　Qu'eft-ce

Qu'eſt-ce que la mort pour un guerrier? une obligation de tous les jours, un hazard ordinaire, un
triomphe quand elle eſt honorable. Qu'eſt-ce que la
mort pour un chrétien? C'eſt le commencement de
la récompenſe, c'eſt le paſſage au bonheur. Chrétiens puſilanimes, que le nom ſeul du trépas effraye,
venez apprendre à mourir. Il eſt pour un cœur noble un mal bien plus redoutable que la mort, c'eſt de
manquer à ſon devoir, c'eſt de vivre inutile, quand les
bienfaits de la ſociété, quand les diſtinctions honorables dont on a été prévenu impoſent des devoirs,
preſcrivent des obligations, & que la première eſt de
ſavoir mourir s'il le faut.

Hommes vindicatifs & atroces, qui ne reſpirez que
vengeance, voyez le jeune La Roche-Jacquelin, (1) il
meurt aſſaſſiné à la fleur de ſon âge par celui même
à qui il venoit de ſauver la vie. Voyez cet eſtimable
Bonchamp, (2) pour prix de ſa vie & de ſes ſervices,
il demande la grâce de dix mille ennemis, que de juſtes repréſailles condamnoient à périr, & content de
finir par un acte de bienfaiſance, ſon ame s'exhale en
paix dans le ſein de l'Eternel, pendant que les lâches
qu'il a ſauvés, retournent combattre ceux qui viennent
de leur pardonner (3). Voyez, à la fleur de ſon âge,
mourir d'une bleſſure longue & douloureuſe ce jeune

---

(1) M. de La Roche-Jacquelin, âgé de 20 ans, ſucceſſeur du général
d'Elbecq; il fut bleſſé au bras gauche à la bataille de Cholet. Malgré cet
accident, il ſuivit toujours l'armée & ſe battit avec ſon bras en écharpe. Ce
fut lui qui détruiſit à Antrain la garniſon de Mayence, de laquelle il ne
reſta que huit cents hommes. (Note communiquée par Meſſieurs du Poitou.
Voyez l'hiſtoire de la Vendée, par le marquis de Lascaze.)

(2) M. de Bonchamp, angevin, commandant général de la cavalerie. Il
battit Sanſterre à Cauron avec cinq mille payſans qui demandèrent eux mêmes à combattre l'armée ennemie, forte de 25000 hommes; il fut bleſſé à
mort à la bataille de Cholet. Prêt à rendre le dernier ſoupir au paſſage de
la Loire, il demanda & obtint la grâce de 6000 priſonniers patriotes. Il fut
ſi regretté de l'armée & avoit inſpiré une telle confiance, qu'on cacha ſa
mort pendant pluſieurs jours. (Note de Meſſieurs du Poitou.)

(3) On les reconnut, parce qu'après avoir reçu leur ſerment de ne pas porter
les armes contre les royaliſtes, on leur avoit coupé les cheveux, & qu'on en
reprit un grand nombre. (Mémoires commu. jués par M. de la M...)

& aimable de l'Escure, (1) dont la piété honoreroit un cénobite & dont les exploits feroient la gloire d'un vieux guerrier; au lit de mort ce héros terrible dans les combats, est un ange de douceur, &, comme le valeureux Bonchamp, son dernier vœu, son dernier désir est pour implorer le pardon des prisonniers condamnés à périr, en juste retour des atrocités commises contre les fidèles sujets du Roi. Il l'obtient : mais aussi tant de vertus ne peuvent échapper à la juste vénération de ceux qui en sont les témoins, & les précieux restes de Bonchamp & de l'Escure, religieusement conservés, sont regardés par l'armée comme le gage de son salut.

Ce sexe timide & doux, mais capable d'une réelle énergie & peut-être plus sensible à l'honneur que l'homme même, oublie pour sa patrie sa délicatesse naturelle. Voyez ces femmes plus admirables qu'invincibles. Voyez cette sublime La Rochefoucault; (2) déjà des Pontifes de son nom avoient dans cette cruelle révolution honoré par leur martyre les fastes de l'église gallicane. Héroïne chrétienne, elle a pris les armes pour son Roi, pour son Dieu; elle ne les dépose que lorsque le froid de la mort les fait tomber de sa main glacée. La digne parente du vertueux de l'Escure (3) l'accompagne au combat, & ses débiles bras, pendant une action, s'employent à charger une de ces machines de guerre qui vomissent au loin le tonnerre & la mort, & elle tombe, frappée d'un coup mortel, sur le canon même que si long-temps elle avoit dirigé contre les ennemis de l'état. A Gerté voyez cette femme

---

(4) M. le marquis de Lescure, commandant de la Châteigneraye; ce fut lui qui prit Fontenay avec le général d'Elbecq. Ils eurent la satisfaction de mettre en liberté beaucoup de prêtres & de personnes des deux sexes, incarcérées dans ce chef lieu de département. Il mourut à Fougères de ses blessures. Il étoit si cher à l'armée qu'elle emporta & conserva précieusement son cadavre jusqu'à la déroute du Mans, où elle le perdit. (Note de Messieurs du Poitou.) Mémoires communiqués par M. de la M...

(2) Mémoires de Thureau.

(3) Ce fait, consigné dans Thureau, n'est pas exact; c'étoit une parente & non la sœur de M. de l'Escure.

généreufe qui ramène & rallie trois fois les troupes & périt en combattant. (1)

Mais Dieu prépare à fes élus un genre de mort qui, par fon atrocité, faffe encore plus briller le courage de ceux qu'il protège; Meffieurs, on peut braver la mort au champ de bataille, on fe confole avec la gloire, on s'endort au fein de l'honneur; mais être trahi par fon ami, être livré par ceux pour qui l'on combattoit, après avoir vécu en héros, finir de la mort des coupables, eft-il rien de plus pénible pour la nature? (2) Ainfi meurent Delbecq, Stofflet & Charette : ainfi l'atrocité même de leurs vils affaffins ne fert qu'à donner plus de relief & d'éclat à leur magnanimité.

Parlerai-je de Sapineau, (3) de Vertueil qui, après avoir pendant huit mois défendu leur pofte, vont au Pont-Charron périr au lit de l'honneur? Parlerai-je de ce brave Chevigné, mourant aux Quatre-Chemins au fein de la victoire? Parlerai-je de cet aimable enfant, de ce précieux La Voirie; (4) à quinze ans il a déjà vu trente combats, & périt dans l'île de Noirmoutier, en défendant fon général? Ah! Meffieurs, repofons, il en eft temps, fur une image plus douce notre cœur fatigué de tant de pertes & contemplons ce brave officier, formé à l'honneur au régiment de Béarn, ce Dupuy, que la Champagne fe fera un devoir de réclamer, qui, tombé au pouvoir de l'ennemi, fut lui infpirer l'eftime par fon inébranlable conftance, & qui, preffé par les motifs les plus puiffans, auront pu,

---

(1) Mémoires de Thureau,

(2) Delbecq fufillé à Noirmoutier, Stofflet trahi par le fermier de la Potiniere, Charette livré par le perfide La Roberie & par.....

(3) M. de Sapineau de la Verrerie, commandant avec M. de Vertueil le camp de Chantonné; ils défendirent leur pofte pendant huit mois, malgré la fupériorité de l'ennemi qui les attaquoit tous les jours. Il fut tué au Pont-Charron.

M. de Chevigné, tué au combat des Quatre-Chemins, après avoir défendu ce pofte pendant cinq mois, malgré les fréquentes attaques de l'ennemi. Il périt dans cette bataille où il remporta la victoire. (Note de Meffieurs du Poitou.)

(4) M. de la Voirie, aide-de camp du général Charette, âgé de quinze ans, mort à Noirmoutier. (Ibid.)

dit le barbare général qui le fit périr, racheter sa vie par une indiscrétion bien excusable, & qui, pour toute réponse, demande à périr, & marche à Saumur avec assurance à l'échaffaud.

Messieurs, voilà les secours que la religion donne au civisme; c'est ainsi qu'elle double les ressources & les moyens du citoyen en donnant une baze à sa subordination, un motif à sa patience, & un caractère héroïque à son trépas.

Les illustres morts, dont je viens de vous parler, étoient nés au milieu de nous, n'avoient pas d'autre religion, pas d'autres devoirs que nous : pourquoi donc leur naissance, leur qualité de françois, leur titre de chrétien, leur ont-ils imposé des devoirs aussi rigoureux? si, avec les mêmes espérances, nous en sommes dispensés. Question terrible, Messieurs; je n'entreprendrai point d'y répondre. A l'intérieur du royaume le sang de nos frères coule; à la frontière, sous les drapeaux de nos alliés, il coule encore; les étrangers, associés à nos intérêts, meurent pour notre cause; vos enfans réclament l'état qu'en les faisant naître, vous avez promis de leur garantir; la société redemande le prix des avances qu'elle vous a faites sans vous connoître & dans l'espoir que vous en seriez reconnoissans : le sang de deux Rois crie vengeance; pouvons-nous rester inactifs? Invoquez l'honneur, consultez votre conscience, interrogez la sans partialité & devant Dieu. A vous seul appartient de prononcer. Téméraire seroit qui décideroit; au reste mille raisons peuvent modifier la réponse; mais pesez-la devant la religion, devant la justice, dans la sincérité de votre cœur & ne cherchez pas un témoignage favorable; tâchez d'obtenir une réponse impartiale & vraie. Du moins puis-je vous dire avec confiance, Messieurs, la mort frappe sans cesse autour de nous, nos fautes passées ont amené nos maux présens; n'est-il pas temps de songer à expier nos fautes & à revenir à la vertu? N'est-il pas temps, courbés sous le poids de l'humiliation, de fonger à défarmer la colère, par notre pénitence, notre réfignation & fur·tout par la pratique conftante des devoirs religieux ?

En parlant devant Meſſieurs du Poitou, on ajouta :

« Pour vous, braves Poitevins, ſi diſtingués par votre dévouement à la choſe publique, depuis le moment où, ſuivant vos déſirs, vous redevintes françois, dès cette époque vous fûtes les frères d'armes des Bretons ; encore une fois, pour la même cauſe, vos ſervices ſe confondent, fidèles Poitevins, braves Chevaliers, c'eſt chez vous que d'abord la religion & le royaliſme ont trouvé leur aſile, c'eſt par vous que nous aurons la conſolation de dire à la poſtérité, dans ces temps d'horreur, il reſta encore une terre françoiſe. Nobles Poitevins ſouvenez-vous de vos ancêtres aux journées de Jarnac & de Moncontour. »

Seigneur, votre prophète nous l'a dit : heureux ceux qui meurent dans la juſtice ; mais cette précieuſe mort eſt le fruit d'une vie chrétienne, elle ſeule peut le mériter. Daignez jeter ſur nous un regard de compaſſion, daignez être ſenſible à notre détreſſe & nous donner la force néceſſaire pour marcher dans les ſentiers de l'équité. Au récit d'évènemens héroïques & généreux, notre cœur s'enflamme, & nous nous écrions, puiſſai je mourir de la mort des juſtes ? Seigneur, que ce vœu ne ſoit pas inutile ; donnez-nous la ſincérité de cœur qui nous faſſe rechercher nos devoirs, le courage qui nous les faſſe pratiquer. Donnez à vos Miniſtres cet eſprit de ſageſſe qui les dirige dans le conſeil, cet eſprit de ſacrifice qui leur faſſe tout braver pour votre gloire ; donnez à nos guerriers cette ſubordination qui entraîne les ſuccès, cette valeur raiſonnée qui n'attend rien que de vous, ce déſintéreſſement qui faſſe braver tous les dégoûts pour devenir utiles ; donnez aux enfans cet eſprit de docilité qui les diſpoſe aux connoiſſances néceſſaires pour ſervir la patrie, & aux vertus ſans leſquelles il n'eſt ni bonheur, ni gloire ; don-

nez à nos ennemis la conviction de leur injustice & à
tous l'amour de la vérité & de la paix; nous vous le
demandons, Seigneur, au nom de ces victimes dont le
sacrifice vous fut si agréable, au nom de tant d'ames
vertueuses enveloppées dans une persécution que leurs
fautes n'avoient point amenée, au nom de Jesus-Christ,
dont la doctrine seule peut faire des citoyens vertueux
& des sujets fidèles.

*En parlant devant Messieurs du Régiment de Castries, on
termina ainsi après ces mots*, des devoirs religieux.

Rassemblés à la voix d'un chef dont jamais l'héroïque dévouement à ses Maîtres ne souffrit ni considéra-
tion, ni obstacle, & qui, dès le premier moment, se
montra l'ennemi déclaré de la révolte & des ingrats,
vous avez, Messieurs, oublié le rang que vous avoient
donné vos anciens services, changeant même pour
l'utilité de l'état vos premiers goûts & vos premières
études, ne connoissant plus de genre de service que
celui qui peut vous devouer plus particulièrement à
l'intérêt public, vous brûlez d'employer ces armes,
qu'un allié généreux vous offre, pour venger le Trône
& l'Autel outragés : mais convaincus que c'est de Dieu
seul que vient le secours, avant d'entamer cette ver-
tueuse entreprise, priez-le de bénir & de seconder vos
efforts; dans ce court intervalle de repos, préparez-
vous par la religion au combat, & avant de marcher
à l'ennemi, prosternés au pieds des Autels, écriez-vous
avec le prophête Roi : levez-vous, Seigneur, & ven-
gez votre cause; alors vos vœux seront entendus, alors
il faut espérer qu'enfin Dieu se laissera fléchir & sou-
tiendra vos efforts, & comme autrefois Josué aux Tri-
bus de Ruben & de Manassés. Je vous dis, hommes
généreux, précédez vos frères, combattez pour eux
jusqu'au moment où le Seigneur vous aura donné le
repos & le succès que je vous promets de sa part.

Prosternés aux pieds de vos Autels, Seigneur, en ce
moment où nos cruels ennemis rejettent les offres de

la paix & fe refufent à l'indulgence de notre Monarque, plus infortuné par leur endurciffement que par fes fouffrances, en ce moment où le fang va encore être verfé, foit que nous implorions votre juftice ou votre appui, c'eft contre des frères ou pour des frères que nous l'implorons. De quel côté que le fang coule, c'eft notre fang qui doit couler. Efprit divin, amolliffez le cœur de bronze des coupables, rendez-les à la vertu; grand Dieu! ce fera pour nous le plus doux des triomphes : mais, Seigneur, fi votre juftice n'eft pas fatisfaite, fi les maux de notre malheureufe patrie n'ont pas expié nos crimes, s'il faut que le fang françois coule encore, Dieu de miféricorde, épargnez du moins cette troupe précieufe de fujets fidèles; c'eft en vous feul qu'ils appuyent leur confiance; attachés à leur culte, fidèles à leur Roi, long-temps, Seigneur, ils ont gémis fous l'adverfité; foyez aujourd'hui leur confolateur & leur appui. Des hommes injuftes fe font élevés contre eux, Seigneur, ces hommes injuftes fe font auffi élevés contre vous : répandez fur nos ennemis & les vôtres une terreur falutaire; qu'ils reftent immobiles & glacés d'effroi, pendant que vous introduirez les fidèles dans leur héritage pour y redreffer vos Autels, relever le Trône, & rétablir les mœurs; c'eft l'unique objet de nos vœux & de nos facrifices, grand Dieu! daignez les exaucer.

LETTRE

De Sa Majesté Louis XVIII à son Altesse Sérénissime M. le Prince de CONDÉ.

J'apprends, dans l'instant, mon cher Cousin, la triste & malheureusement trop certaine nouvelle de la mort du général Stofflet, victime de son courage & de son amour pour son Dieu, pour son pays & son Roi. Le regret que j'en éprouve est encore augmenté par l'impossibilité où je suis de rendre moi-même les honneurs qui lui sont dûs par tout soldat véritablement françois. Suppléez-moi donc, mon cher Cousin; faites célébrer pour ce brave homme un service solennel, où vous assisterez à la tête des vaillans gentilshommes dont je vous ai confié le commandement.

Une commune expression de douleur & d'estime retentira des bords du Rhin à ceux de la Loire, où les braves Royalistes de l'intérieur déplorent, en ce moment, la perte d'un de leurs chefs, & elle apprendra à l'univers que par-tout les bons françois n'ont qu'un cœur & qu'une ame.

Adieu, mon cher Cousin, vous connoissez mes sentimens pour vous.

Signé, LOUIS.

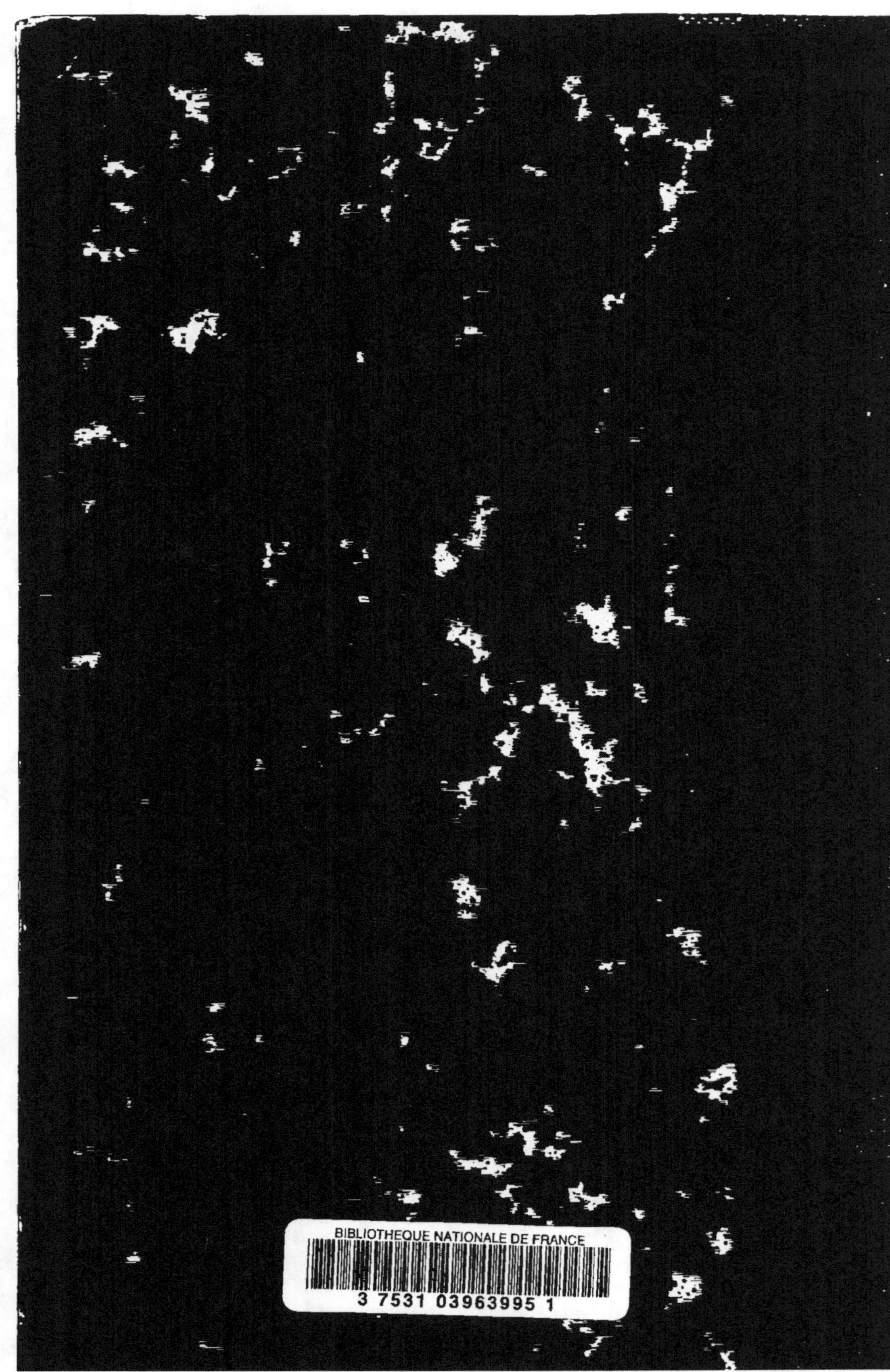

www.ingramcontent.com/pod-product-compliance
Lightning Source LLC
Chambersburg PA
CBHW051327060726
47596CB00004B/1513